Building Reading Skills for
Chinese Language Acquisition in IB MYP

IB MYP中文语言习得阅读训练

SEASONS AND WEATHER
四季气象

冯薇薇 叶颖颖 封文慧 编著

Sinolingua
华语教学出版社

First Edition 2021

ISBN 78-7-5138-2003-5
Copyright 2021 by Sinolingua Co., Ltd
Published by Sinolingua Co., Ltd
24 Baiwanzhuang Street, Beijing 100037, China
Tel: (86) 10-68320585 68997826
Fax: (86) 10-68997826 68326333
http://www.sinolingua.com.cn
E-mail: hyjx@sinolingua.com.cn
Facebook: www.facebook.com/sinolingua
Printed by Beijing Xicheng Printing Co., Ltd

Printed in the People's Republic of China

前　言

一、关于 MYP 中文语言习得课程及其评估标准

IB 课程分为 PYP（小学项目）、MYP（中学项目）、DP（大学预科项目）和 CC（职业教育项目）。无论哪个阶段的课程，其教学理念都是鼓励学生自己去探究和发现身边的一切事物，让学生将所学知识与现实世界联系起来。其中，MYP 课程（国际文凭中学项目）是为十一至十六岁学生提供的富于学术挑战性的课程。课程以探究和概念为重点设计，培养学生批评和独立思考的能力。MYP 课程并没有统一固定的教材，不同地区不同的 IB 学校会根据不同的情况而选用不同的教材。如何选教材、如何设计课程、如何指导学生有效地探究和学习，对老师们来说都极具挑战性。

MYP 中文语言习得课程采用的是标准性评估，按照每个学科组预先确定的标准来衡量世界各地的学生。MYP 项目的前几年里，老师们可以在这些标准的指导下为学生的具体评估提出具体要求，使其更适合学生的年龄和学习目的。老师

们负责为学生内部评估作业。外部评估（IB 考官的评审或督导）也要根据内部评估情况来执行，以确保评估标准的全球统一性。需要为学生申请 IB 证书的学校必须每年接受 IB 组织的评审。

MYP 中文语言习得评核按照语言学习的技能分为 A、B、C、D 四个标准：

评核标准 A——理解口头和视觉材料（听）；

评核标准 B——理解书面和视觉材料（读）；

评核标准 C——通过回应口头／书面／视觉材料进行交流（说）；

评核标准 D——以书面的形式运用语言（写）。

其中，理解书面和视觉材料（阅读理解）的具体内容是：针对单元主题和探究问题而进行的阅读理解和思考，老师需要提供既有文字又有图像的内容，并从三个不同方面进行提问：第一部分，辨认信息、想法及细节；第二部分，诠释基本的惯用手法，包括文章的形式和风格；第三部分，识别思想观点、看法和态度，并针对材料做出个人回应。

二、通过有针对性的阅读与训练，达到 MYP 中文语言习得课程的学习目标

为了帮助 MYP 中文课程的学生提高阅读水平，并在大纲设定的框架内进行有针对性的理解和思考，我们特意编写了本系列图书。

本系列图书共分为《十二生肖》《四季气象》《自然万物》《人与家庭》《身体奥秘》《探究互动》六个分册。每个分册包含十个左右生动有趣的故事，每个故事围绕一个常用汉字展开。

这些故事或阐释汉字的意义，或体现其文化特征，或展现语言运用情境。通过阅读这些故事，学生可以掌握相关的语言知识和文化知识，培养发现、获取信息及构建跨学科知识体系的能力，提高理解不同文化的思辨水平。

每篇故事后面，我们都根据"MYP 中文课程大纲评估标准"编写了系统的练习，同时还配有"文化小贴士"和"跨学科百宝箱"版块。通过阅读理解和完成练习，学生可以稳步提高自己理解信息、思考问题的能力，掌握语言表达的技巧，同时扩展知识领域、拓宽文化视野。每册书的最后都附有"汉字游戏"，供学习者通过游戏巩

固所学的汉字。

　　这种系统的、有针对性的阅读与训练，可以使课堂教学更加丰富有趣，并逐步实现IB的教学理念，为学生顺利进入下一阶段的学习打下坚实的基础。同时，学生还可以通过阅读本书来了解丰富的汉字知识和文化，为日后的阅读和写作打好基础。

目录

MYP 教学单元计划⋯⋯⋯⋯⋯⋯⋯⋯⋯⋯⋯⋯⋯⋯⋯⋯⋯⋯⋯ 1

第一课　春⋯⋯⋯⋯⋯⋯⋯⋯⋯⋯⋯⋯⋯⋯⋯⋯⋯⋯⋯⋯⋯ 2

第二课　夏⋯⋯⋯⋯⋯⋯⋯⋯⋯⋯⋯⋯⋯⋯⋯⋯⋯⋯⋯⋯⋯ 9

第三课　秋⋯⋯⋯⋯⋯⋯⋯⋯⋯⋯⋯⋯⋯⋯⋯⋯⋯⋯⋯⋯⋯ 16

第四课　冬⋯⋯⋯⋯⋯⋯⋯⋯⋯⋯⋯⋯⋯⋯⋯⋯⋯⋯⋯⋯⋯ 24

第五课　光⋯⋯⋯⋯⋯⋯⋯⋯⋯⋯⋯⋯⋯⋯⋯⋯⋯⋯⋯⋯⋯ 31

第六课　云⋯⋯⋯⋯⋯⋯⋯⋯⋯⋯⋯⋯⋯⋯⋯⋯⋯⋯⋯⋯⋯ 38

第七课　雨⋯⋯⋯⋯⋯⋯⋯⋯⋯⋯⋯⋯⋯⋯⋯⋯⋯⋯⋯⋯⋯ 45

第八课　电⋯⋯⋯⋯⋯⋯⋯⋯⋯⋯⋯⋯⋯⋯⋯⋯⋯⋯⋯⋯⋯ 52

第九课　风⋯⋯⋯⋯⋯⋯⋯⋯⋯⋯⋯⋯⋯⋯⋯⋯⋯⋯⋯⋯⋯ 59

第十课　天⋯⋯⋯⋯⋯⋯⋯⋯⋯⋯⋯⋯⋯⋯⋯⋯⋯⋯⋯⋯⋯ 67

第十一课　气⋯⋯⋯⋯⋯⋯⋯⋯⋯⋯⋯⋯⋯⋯⋯⋯⋯⋯⋯⋯ 75

参考答案⋯⋯⋯⋯⋯⋯⋯⋯⋯⋯⋯⋯⋯⋯⋯⋯⋯⋯⋯⋯⋯⋯ 83

附：汉字游戏⋯⋯⋯⋯⋯⋯⋯⋯⋯⋯⋯⋯⋯⋯⋯⋯⋯⋯⋯⋯ 90

MYP 教学单元计划

单元主题		
四季气象（春、夏、秋、冬、光、云、雨、电、风、天、气）		
主题说明： 人类的一些习俗与不同地方的气候特点息息相关。		
核心概念： 联系	**相关概念：** 遣词、意义	**全球背景：** 时空定位
探究说明：四季气象的特征与人类的日常生活密不可分，也构成了不同地区独特的习俗和文化。		
探究问题		
事实性：一年四季都有哪些气象特征？		
概念性：为什么人类的一些习俗与气象有关？		
辩论性：人类的一些习俗是否与季节气象有关？		

第一课　春

春天是一位美丽温柔的姑娘,也是掌管春季的仙子。春姑娘有一个巨大的调色盘,调色盘里有许许多多的颜色。每到三月,春姑娘就会拿着调色盘给刚刚从寒冬中复苏的大森林涂上新的颜色。各种植物纷纷长出新芽,姹紫嫣红的春天就来临了!

有一年的冬天特别漫长,森林里的小伙伴们等啊等啊,怎么也等不到春姑娘的到来。大家非常焦急,因为如果没有春姑娘的调色盘,新长出的枝芽就只能和陈旧的枝干一样,呈现出单调压抑的黑褐色,多难看啊。

其实春姑娘已经从大半年的沉睡中苏醒了,但是她怎么也记不起来自己把调色盘藏在哪里了。她找遍了大森林,可依然找不到。没办法,春姑娘只好重新制作调色盘了。

春姑娘从太阳那里得到了红色,从月亮那里得到了黄色,从大海那里得到了蓝色。她用红色和黄色调配出了橙色,给金盏花画上了花瓣;她用蓝色和黄色调配出了绿色,给大树新长出的叶子穿上了新衣服;她用红色和蓝色调配出了紫色,给新开的紫罗兰染好了衣裙。

在春姑娘的努力下,森林的春天终于到来啦!春姑娘也下定决心,要保存好新的调色盘,再也不会把它弄丢了。

练习题

第一部分：辨认信息、想法及细节，并做总结

一、根据短文第一段回答问题。

1. 春姑娘的职责是什么？

2. 春姑娘用什么给大森林涂颜色？

3. 哪个词语是形容"很多颜色"的？

二、根据短文第二段判断下面叙述的对错，并以短文内容说明理由。

	对	错
1. 春姑娘每年都会准时到来。	☐	☐
理由：_____		
2. 春姑娘到来之前，新枝和旧芽都是黑褐色的。	☐	☐
理由：_____		

三、根据短文第三段选出最适合左边句子的结尾，把答案写在方框里。

1. 春姑娘去年把调色盘收起来了，☐　A. 可现在已经苏醒过来了。
B. 可现在怎么都想不起来放哪儿了。

2. 春姑娘找遍了大森林，☐　C. 于是怎么都想不起来。
D. 只好重新制作调色盘了。

3. 春姑娘找不到调色盘，☐　E. 但是重新制作调色盘了。
F. 可是仍然找不到。

四、根据短文第四段回答下面的问题。

1. 春姑娘的调色盘里的颜色有几种？

2. 春姑娘的调色盘里的颜色有哪些？

3. 有哪几种颜色必须要由两种颜色配出来？

4. 请在下面的表格里填写你在第四段中看到的信息。

	颜色的来源	颜色
①	太阳	
②		蓝色

③	红色＋黄色	
④		紫色

第二部分：诠释基本的惯用手法

根据短文回答下面的问题。

1. 这是一个 _____。

　A. 电影故事　　　　　B. 私人信件

　C. 宣传广告　　　　　D. 童话故事

2. 这篇短文的写作目的不包括 _____。

　A. 描写春天的美丽　　B. 说明春姑娘工作的重要性

　C. 解释春姑娘的梦想　D. 简述春姑娘手里的调色盘

3. 你从插图里获得了哪些信息？

第三部分：识别思想观点、看法和态度，并针对材料做出个人回应

通过阅读短文并结合你自身的经历回答下面的问题。

1. 你最喜欢什么颜色？为什么？

2. 比较春天和秋天，你更喜欢哪一个？请说出你的理由。

文化小贴士

　　早期甲骨文的"春"字中的 ![草] 代表草地，![日] 代表太阳，![种] 像一颗种子，上部冒芽，下部生根。它们组成了一幅充满诗意的画面：春天到了，地里的种子苏醒破壳，扎根生长，遍地新绿，一派生机。

　　春季是农作物播种和发芽的季节，也是农民一年辛勤劳动的开始。春天万物复苏，被大家看作是充满生机、充满希望的美好季节。中国有句俗语说得好：一年之计在于春。

甲骨文　　　　　　　　金文

小篆 䒌　　楷体 春

跨学科百宝箱

关于"春"的小知识

❀ 由于地球的公转和自转,不同国家和地区进入春天的时间不同,有的地方甚至没有春天这个季节。

❀ 中国主要位于北半球的温带,多数地方一年中四季分明,春季的开始是在立春①(2月2日至5日之间),春季的结束在立夏(5月5日至7日之间)。

❀ 中国古代把"历史"叫作"春秋"。这是因为庄稼春生秋熟,春生相当于历史之因,秋熟相当于历史之果,春来秋去的循环就是时间,而时间的循环就是历史。

---

① 立春与下文的立夏均是中国特有的"二十四节气"中的节气之一。

第二课　夏

盛夏时节，森林里一年一度的"纳凉音乐会"又要开始啦！

去年的音乐会上，小猪小贝靠着一首《哼哼歌》勇夺冠军。但是小贝除了《哼哼歌》再也不会唱别的歌了，所以，今年小贝因为没有新节目而急得团团转。青蛙青青决定参加今年的比赛，并计划做一场特殊的表演。他会一边唱歌一边用荷叶拍打河水，独特的搭配会非常好听！熊猫圆圆用竹筒和鹅卵石编织成竹风铃来为自己伴奏。每当清风吹过，风铃会发出独特的音乐，配上圆圆清脆的歌声，美妙动听。总之，动物们都使出了全身解数想要成为"纳凉音乐会"的歌王。

音乐会在大家的期盼中开始了,小猪小贝、青蛙青青、熊猫圆圆、水牛哞哞,还有许许多多的小动物都唱完了。最后出场的是草蜢跳跳和他的小伙伴们。他们鼓动翅膀,迎着微风,合奏起美妙的交响乐。

"草蜢乐队"歌唱阳光,歌唱美好,歌唱生活,大家都陶醉在草蜢跳跳和他的伙伴们的表演中。最终,跳跳获得了今年"纳凉音乐会"的冠军。

每当夏天来临的时候,草蜢跳跳都会和它的小伙伴们一起在森林里不停地唱歌!如果你凑巧经过,请千万不要错过这场快乐的夏季音乐会!

练习题

第一部分：辨认信息、想法及细节，并做总结

一、根据短文第一段和第二段回答问题。

1. "纳凉音乐会"每年什么时候举行？

2. 谁在去年的"纳凉音乐会"获得歌唱比赛的第一名？

3. 青蛙的表演是怎么样的？

4. 请用两个词语来形容熊猫的歌声。

5. 谁想成为今年音乐会的冠军？

二、根据短文第三段和第四段判断下面叙述的对错，并以短文内容说明理由。

| | 对 | 错 |

1. 小猪小贝最后一个出来表演。 ☐ ☐

理由：_____

2. 水牛哞哞也参加了比赛。 ☐ ☐

理由：_____

3. "草蜢乐队"表演的节目是交响乐合奏。 ☐ ☐

理由：_____

4. 每个人都非常喜欢"草蜢乐队"的表演。 ☐ ☐

理由：_____

5. "草蜢乐队"在今年"纳凉音乐会"上夺冠。 ☐ ☐

理由：_____

三、重读短文，选出最适合左边词语的解释，把答案写在方框里。

1. 一年一度　　☐　　A. 正好

　　　　　　　　　　B. 全身不舒服

2. 全身解数　　☐　　C. 每年一次

　　　　　　　　　　D. 所有的本领

3. 来临　　　　☐

　　　　　　　　　　E. 手非常巧

4. 凑巧　　　　☐　　F. 一千

　　　　　　　　　　G. 一定不要

5. 千万　　　　☐　　H. 马上就到了

第二部分：诠释基本的惯用手法

根据短文回答下面的问题。

1. 这个故事是按照什么顺序写的？

2. 作者写这篇文章的目的是什么？

3. 说一说插图中的动物们在做什么，再设想一下动物们各自的心情。

第三部分：识别思想观点、看法和态度，并针对材料做出个人回应

通过阅读短文并结合你自身的经历回答下面的问题。

1. 你参加过学校的音乐比赛吗？你对学校的音乐比赛有什么感受？

2. 唱歌和打球，你更喜欢哪一个？请说明理由。

文化小贴士

　　甲骨文中的"夏"字是一个人的象形，本义是雄武的中国人。夏朝是中国史书中记载的第一个世袭制朝代，统治了中国约471年，为商朝所灭。后来"华夏"

逐渐成为中国及中华民族的代名词。

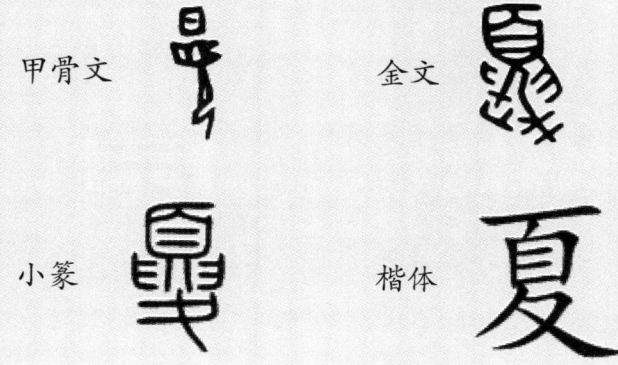

甲骨文　　　　金文

小篆　　　　　楷体

跨学科百宝箱

关于"夏"的小知识

❀中国的大部分地区位于地球的北半球,人们一般把每年的6、7、8月看作夏季。

❀从气候学上来说,平均温度22℃以上为"夏天",当平均温度持续低于22℃时即为夏天结束。

❀每年公历6月21日或22日被称作夏至,这一天太阳直射地面的位置到达一年的最北端。

第三课　秋

丁宝跟爷爷一起住在美丽的清水镇。爷爷种了很大一片地来维持生活。爷爷春天播种，夏天浇水施肥，忙忙碌碌大半年，到了秋天才能收获不多的粮食。

爷爷每天都非常辛苦，丁宝很想帮他。可是丁宝长得还没有庄稼高，能做的事非常有限。丁宝在大山里找啊找，终于找到了秋天女神。他恳求秋天女神一直待在人间，这样清水镇就只有秋天一个季节，爷爷就不用辛苦地种庄稼，还可以一年到头都有收获了。

秋天女神被丁宝的孝心感动，答应他会永远留下来。于是，这一年的秋天变得特别长。爷爷等啊等，等不到冬天的大雪滋润田地，等不到春天的阳光使种子发芽，等不到夏天田地里散发的勃勃生机，什么收获都没有，急得头发白了许多。

丁宝这才懂得，秋天的收获是靠平日的辛勤劳动换来的。他十分愧疚，再次找到秋天女神，恳求她按照原来的时间离开。秋天女神这才发现自己好心办了坏事，马上离开了，而且以后再也不会做违反四季交替这个自然规律的事情了。

等待许久的雪终于落下，丁宝趴在爷爷怀里睡着了，梦里满满的都是下个秋天金色的麦田。

练习题

第一部分：辨认信息、想法及细节，并做总结

一、根据短文第一段选出正确的答案。

1. 丁宝的爷爷 _____。

A. 靠忙忙碌碌生活　　B. 靠种地生活

C. 靠播种生活　　　　D. 靠浇水施肥生活

2. 粮食收获的季节是在 _____。

A. 春天　　　　　　　B. 夏天

C. 秋天　　　　　　　D. 冬天

二、根据短文第二段和第三段判断下面叙述的对错，并以短文内容说明理由。

	对	错
1. 爷爷每天工作都非常累。	☐	☐
理由：_____		
2. 丁宝的个子长得非常高。	☐	☐
理由：_____		
3. 丁宝很容易就找到了秋天女神。	☐	☐
理由：_____		

4. 丁宝找秋天女神的目的是不想让爷爷太累。　　　　　　　　☐　☐

理由：_____

5. 丁宝认为，一年只有秋天一个季节是件好事。　　　　　　　　☐　☐

理由：_____

三、根据短文第三段选出最接近左边句子的结尾，把答案写在方框里。

1. 秋天女神答应丁宝　☐　　A. 春天的阳光使种子发芽。

B. 秋天女神的到来。

2. 爷爷等不到　☐　　C. 白了许多。

D. 会永远留下来。

3. 爷爷急得头发　☐　　E. 变得特别长。

F. 有什么收获。

四、根据短文第四段和第五段选出最接近左边词语的解释，把答案写在方框里。

1. 辛勤劳动　□　　A. 勤勤恳恳
　　　　　　　　　B. 努力工作
2. 愧疚　　　□　　C. 非常长的时间
　　　　　　　　　D. 违规
3. 恳求　　　□　　E. 惭愧内疚
　　　　　　　　　F. 不遵守或不符合
4. 违反　　　□　　原则、规章、制度等
　　　　　　　　　G. 也许
5. 许久　　　□　　H. 恳切地请求

第二部分：诠释基本的惯用手法

根据短文回答下面的问题。

1. 这篇短文的含义不包括 _____。　□

A. 爷孙俩的亲情

B. 大自然的规律不能违反

C. 秋天女神的善良

D. 气候条件不好

2. 你从插图中小男孩儿的面部表情看到了什么？为什么？

第三部分：识别思想观点、看法和态度，并针对材料做出个人回应

通过阅读短文并结合你自身的经历回答下面的问题。

1. 你喜欢秋天吗？秋天适合做什么样的活动？

2. 人们通常会用什么颜色代表秋天？为什么？

3. 比较一年中的四个季节，你最喜欢哪一个？为什么？

文化小贴士

"秋"这个汉字在发展过程中经过了多次变化。早期"秋"的字形像一只蟋蟀,因为秋天正是天气转凉、蟋蟀鸣叫的季节。"秋"在中国古代的文学作品中是一种常见的意象,作品中使用"秋"字,暗含有萧瑟、肃杀、悲凉的意思,是在委婉地表达悲伤的感情。

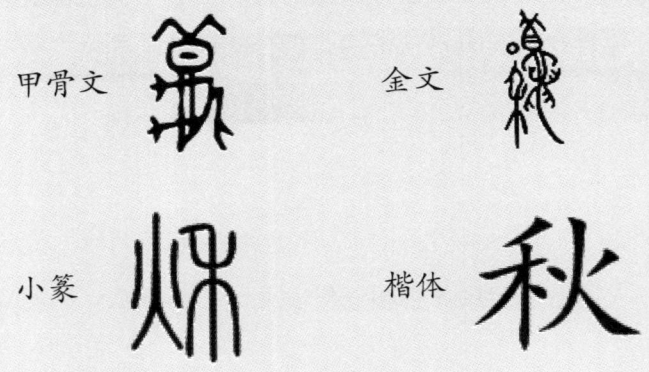

甲骨文　　金文

小篆　　楷体

跨学科百宝箱

关于"秋"的小知识

❀在中国大部分地区,一般把每年的9、10、11月看作秋季。

❀气象学上的秋季是指平均气温稳定在22℃以下、10℃以上的时节。

❀秋天最有代表性的景象就是一些树木的叶子会由绿变红。这是因为秋天光照减少，叶子中绿色的叶绿素含量降低，而胡萝卜素等红色的色素含量增加的缘故。

第四课　冬

　　"冬天"是个孤独的男孩儿。他每年要睡上九个月,只有三个月是醒着的。从梦中醒来时,他总能遇见挥手告别的秋天女神。等到春姑娘出现的时候,冬天男孩儿就知道,到了自己休息的时候了。

　　冬天男孩儿浑身都是白色的,他有白色的衣服、白色的皮肤,甚至连头发都是白色的。他醒着的时候,一个人在大地上流浪,所过之处都是一片荒凉,很少能遇到停下来跟他说说话的人或者小动物。没有人陪伴冬天男孩儿,于是冬天男孩儿把所有的时间都用来思考。他每天都在思考"天有多高、地有多大、生命有多长"这样的问题。每当他思考的时候,天空就会飘下雪花,大雪就降临啦!

　　冬天男孩儿最大的愿望就是看一看盛开的鲜花。他听常青的松树说,在春夏天气暖和的时候,会有五颜六色的花朵盛开,那景象多美啊!可惜他总是等不到。松树把他的愿望讲给花朵们听,美丽的花朵们都很同情冬天男孩儿,她们约定尽量早些开花,好让冬天男孩儿看一眼。大家都很努力,最后却只有一种花成功提前开放了。冬天男孩儿看到那些美丽的红色花瓣,感动得哭了。他尽情地拥抱了眼前的花朵,再也不会感到寂寞了。

　　这种勇敢的花被大家叫作梅花。她是冬天男孩儿最好的伙伴,也是冬天里最美的花朵!

练习题

第一部分：辨认信息、想法及细节，并做总结

一、根据短文回答问题。

1. 冬天男孩儿每年的睡眠期有多长？

2. 冬天男孩儿从一年的什么时候开始睡觉？

3. 冬天男孩儿有什么特征？

4. 冬天男孩儿有朋友吗？你怎么知道的？

5. 冬天男孩儿整天都思考什么问题？

6. 冬天男孩儿的梦想是什么？

7. 松树跟冬天男儿孩说了什么？

8. 松树跟大家说了什么？

9. 最后，是谁帮助冬天男孩儿实现了梦想？

10. 实现梦想的时候，冬天男孩儿有什么反应？

三、重读短文选出最适合左边词语的解释，把答案写在方框里。

1. 荒凉　　□　　　　A. 凉快
　　　　　　　　　　B. 各种不同的颜色
2. 降临　　□　　　　C. 什么都没有
　　　　　　　　　　D. 很遗憾
3. 五颜六色　□　　　E. 到来
　　　　　　　　　　F. 珍惜
4. 可惜　　□　　　　G. 最大限度地由着
　　　　　　　　　　自己的感情去做
5. 尽情　　□　　　　H. 下降

第二部分：诠释基本的惯用手法

根据短文回答下面的问题。

1. 作者写这篇文章的目的是什么？

2. 请说明一下插图的内容。

第三部分：识别思想观点、看法和态度，并针对材料做出个人回应

通过阅读短文并结合你自身的经历回答下面的问题。

1. 你有孤独寂寞的时候吗？在孤独寂寞的时候，你最想做什么？为什么？

2. 比较你居住的地方的冬天和文章里所描述的冬天有什么异同，请举例说明。

文化小贴士

"冬"这个汉字的甲骨文像一根两头打了结的绳子，表示终止。由于中国大部分地区四季分明，冬天是四季中最后一个季节，因此也有一年结束的意思。冬季气温降低，不利于生物生存，暗含着沉寂和冷清之义。

梅花耐寒，常在冬末春初开放，因此中国人历来把

梅花看作是坚强、骄傲、高洁的象征，被从古至今的很多文学作品广为歌颂。

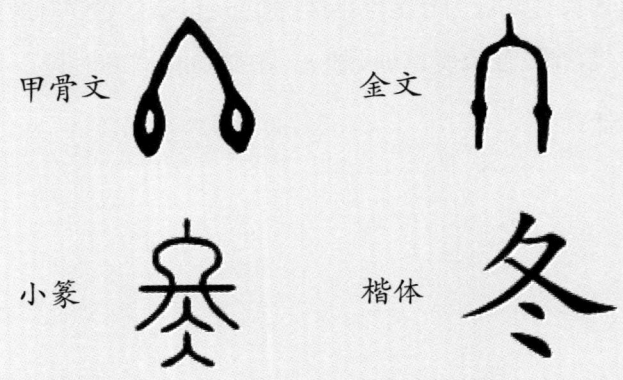

甲骨文　　金文

小篆　　楷体　冬

跨学科百宝箱

关于"冬"的小知识

❀ 中国大部分地区一般认为从12月至次年2月是冬天，也就是农历十月到十二月。气象学上，只有当连续五天以上平均气温低于10摄氏度时，才算进入冬季。

❀ 在寒冷来袭的时候，生物会减少生命活动，很多植物会落叶，有的动物会冬眠，一些候鸟会飞到较为温暖的地方越冬。

第五课　光

　　光有许许多多的朋友。天空中的飞鸟是他的玩伴；大地上的骏马喜欢追赶着光奔跑；大海中的大鱼小鱼也期待着光能穿过海水为他们祛除寒冷。花朵和树木、青山和庄稼，以及世界上的所有人都认识光，每天都需要光的陪伴。

　　似乎每个人都能轻松地看清光的样子，可是光看不见自己。他迫切地想知道自己的模样，就辗转询问了很多人。雄鹰说光长得像是万里无云的天空；小鹿说光长得像是清晨的草地；游鱼说光长得像是临近海面的那层透明的海水；花朵说光长得像是晶莹闪烁的露珠。

　　光不知道谁说的是对的。"我是真实存在的吗？"他这样问自己，感到非常沮丧。

善良的槐树爷爷安慰了光，并教会他一种看到自己的方法。

槐树爷爷把三块一模一样的玻璃彼此粘贴在一起，做成一个等边三棱镜交给光。透过三棱镜，光发现自己其实是由红、橙、黄、绿、青、蓝、紫七种颜色组成的，可漂亮啦！

从此，光再也不会为看不清自己而伤心了，因为他知道大家都爱他的美丽。在大家眼里，他永远以大家最喜欢的模样出现，这是一件多么幸福的事啊！

练习题

第一部分：辨认信息、想法及细节，并做总结

一、根据短文第一段判断下面叙述的对错，并以短文内容说明理由。

	对	错

1. 光和天上的飞鸟是朋友。　☐　☐
理由：_____

2. 光能够穿过海水，使水温升高。　☐　☐
理由：_____

3. 地球上的一切都需要光。　☐　☐
理由：_____

二、根据短文的第二段和第三段回答下面的问题。

1. 从第二段的哪一句可以知道光不知道自己的样子？

2. 从第三段的哪个词语可以知道光不开心？

三、根据短文最后两段选出最适合左边句子的结尾,把答案写在方框里。

1. 槐树爷爷教会光 □　A. 可以看到自己的方法。

B. 因为看不清自己而伤心。

2. 三块一模一样的玻璃粘贴在一起 □　C. 以大家最喜欢的模样出现。

D. 可以做成一个等边三棱镜。

3. 让大家都爱自己的美丽 □　E. 是一件非常幸福的事。

F. 可漂亮啦。

四、重读短文选出最适合左边词语的解释,把答案写在方框里。

1. 祛除　□　　　A. 转车

B. 非直接的

2. 辗转　□　　　C. 除去

D. 反复

E. 丢掉

第二部分：诠释基本的惯用手法

根据短文回答下面的问题。

1. 这不是一篇 _____。

A. 寓言故事　　　　　B. 广告宣传

C. 童话故事　　　　　D. 富有寓意的故事

2. 以下哪个选项跟这篇短文的写作目的最接近？

A. 要对自己有信心　　B. 介绍光的颜色

C. 介绍光的作用　　　D. 描写光的美丽

3. 请描述一下插图的内容。

第三部分：识别思想观点、看法和态度，并针对材料做出个人回应

通过阅读短文并结合你自身的经历回答下面的问题。

1. 你有没有不自信的时候？请举例说明。

2. 你是怎么让自己自信的?

3. "多晒太阳身体好",你对这句话有什么看法?

文化小贴士

"光"这个汉字从出现到今天经历过不小的变化,但基本结构一直没有变。"光"字上面的部分像是一个火把,下面的部分像是一个跪坐的人,合在一起就是一个举着火把跪坐的人,给人带来光明。

> 跨学科百宝箱

关于"光"的小知识

❀光沿着直线传播,遇到不同的物质时,会发生折射或者反射。

❀光在真空中的传播速度高达3×10^8m/s,这是自然界中物体运动速度的最大值。

❀实际上,光是能量传播的一种形式。我们肉眼所能看见的光只是其中的一小部分,还有很多光是我们看不见的,包括紫外线和红外线等。

❀光在我们的日常生活中必不可少,正是因为有了光,人类才能看清色彩斑斓的广阔世界。

第六课　云

熊猫圆圆自从离开妈妈独立生活以来，每天都会哭。吃竹子的时候哭，睡觉的时候也哭；自己一个人的时候哭，有小动物朋友陪伴的时候也哭。本来圆圆就有大大的黑眼圈，现在因为经常哭，黑眼圈越来越大、越来越浓。用猴子奇奇的话说，圆圆的黑眼圈围绕着黑眼珠，他都快要分不清哪里才是圆圆的眼睛了。

圆圆自己也纳闷。开始的时候，他是因为想妈妈才哭，后来他习惯了独立生活，已经不伤心了，为什么还会一直哭呢？

长颈鹿斑比最高大，她抬头看了一下天空，很快就明白是谁在捣鬼了。原来有一朵调皮的乌云一直盘旋在圆圆的头顶，偷偷地在圆圆的头顶上下"泪滴雨"，所以圆圆看起来总是在流泪，开心不起来。

圆圆谢过斑比，认真地和乌云谈了一次话，并请乌云离开他。乌云做了个鬼脸，不好意思地跑啦。

　　调皮的乌云现在还没有改掉这个爱下"泪滴雨"的习惯哦！它最喜欢跟着那些爱哭的小朋友，让他们以后开心的时候也笑不出来。爱哭的小朋友要小心啦！

练习题

第一部分：辨认信息、想法及细节，并做总结

一、根据短文第一段回答问题。

1. 熊猫圆圆为什么每天哭？

2. 猴子奇奇是怎么评价熊猫圆圆的？

二、根据短文第二段和第三段判断下面叙述的对错，并以短文内容说明理由。

	对	错
1. 圆圆一直都很伤心，因为他一直都在哭。	☐	☐
理由：_____		
2. 长颈鹿斑比比熊猫圆圆高大很多。	☐	☐
理由：_____		

3. 圆圆的头顶有一朵乌云一直在下"泪滴雨"。　□　□

理由：_____

三、根据短文第二段和第三段选出最适合左边词语的解释，把答案写在方框里。

1. 捣鬼　□　　　A. 长期形成的不易改变的行为

2. 调皮　□　　　B. 调动

　　　　　　　　C. 扰乱、找麻烦

3. 盘旋　□　　　D. 旋风

　　　　　　　　E. 淘气，顽皮

4. 认真　□　　　F. 认识

　　　　　　　　G. 来回旋转

5. 习惯　□　　　H. 不马虎

第二部分：诠释基本的惯用手法

根据短文回答下面的问题。

1. 作者写这篇文章的目的是什么？

2. 请说明一下插图的意思。

第三部分：识别思想观点、看法和态度，并针对材料做出个人回应

通过阅读短文并结合你自身的经历回答下面的问题。

1. 你见过熊猫吗？你觉得熊猫有哪些可爱的地方？请举例说明。

2. 比较乌云和彩云，说一下跟它们有关的天气现象。

文化小贴士

最早的"云"字像卷曲成圆形的一团曲线，是古代中国人根据天空中的云的形状创造出来的。云的形状和颜色的变化与天气变化密切相关，通过观察云可以预测天气。中国古人总结这种"看云识天气"的经验编成了朗朗上口的谚语流传。如常见的"棉花云,雨快临""天上灰布悬,雨丝定连绵"，等等。

跨学科百宝箱

关于"云"你知道什么?

❀云是大气中水汽凝结成的水滴、冰晶或者它们混合组成的漂浮在空中的可见聚合物。

❀因为云中的水滴或冰晶能够散射太阳光,所以云通常呈现出不同的颜色。云层比较薄时呈白色,较厚时看起来是灰色或黑色的。

❀日出和日落时,太阳光线中的短波部分大量散射,而红、橙色的长波部分散射得不多,因此这时候的云会变成红色或者橙色的。

第七课　雨

　　女孩儿香草从小跟妈妈相依为命,她们一起生活在清水镇。清水镇的天气不是太好,一年中有一半时间都在下雨,从香草有记忆以来,世界就总是湿漉漉的。

　　有一年雨季来临的时候,香草的妈妈突然得了很重的肺病,咳嗽起来就止不住。香草为妈妈找了很多医生,医生们都找不到彻底治好她的办法。香草非常伤心,她请求清水镇最见多识广的祖婆婆帮忙。祖婆婆告诉她,只要找到隐藏在清水镇中的梦莲花,就能治好香草妈妈的病。

　　香草走遍了整个清水镇的街道,可是并没有找到祖婆婆说的梦莲花。她累得筋疲力尽,坐在街边哭了起来。这时候,下起了大雨,雨打在香草的肩膀上,绿色的枝叶从香草的肩头长出,很快开出了美丽的白色花朵。原来,这就是祖婆婆说的梦莲花。它只在雨季的清水镇开放,是天神送给清水镇的礼物。

　　香草妈妈吃过梦莲花做成的药后,身体果然很快康复了。香草非常感激祖婆婆。香草把梦莲花的故事珍藏起来,每逢下雨天,她都要把这个故事讲给清水镇的其他年轻女孩儿听,让她们知道,雨会给人们带来好运和幸福。

练习题

第一部分：辨认信息、想法及细节，并做总结

一、根据短文第一段和第二段回答问题。

1. 香草住在哪里？

2. 香草住的地方的气候特征是怎么样的？

3. 香草的妈妈得了什么病？

4. 医生觉得香草妈妈的病容易治吗？为什么？

5. 什么东西可以治好香草妈妈的病?

二、根据短文第三段和第四段判断下面叙述的对错,并以短文内容说明理由。

	对	错

1. 香草很快就找到了祖婆婆所说的白色的花。 ☐ ☐
　　理由:_____

2. 香草到处找祖婆婆,觉得非常累,在路边坐了下来。 ☐ ☐
　　理由:_____

3. 没想到,祖婆婆说的白色的花从香草的肩上长了出来。 ☐ ☐
　　理由:_____

4. 没有雨就没有这种白色的花。 ☐ ☐
　　理由:_____

5. 这种白色的花只有在香草的家乡才能见到。 ☐ ☐
　　理由:_____

三、重读短文选出最适合左边词语的解释，把答案写在方框里。

1. 相依为命　□　　A. 见过的多，知道的广

　　　　　　　　　B. 共同的生命

2. 见多识广　□

　　　　　　　　　C. 非常非常累

3. 筋疲力尽　□　　D. 实际情况跟预想的一样

　　　　　　　　　E. 水果

4. 果然　　　□　　F. 好好地保存

5. 珍藏　　　□　　G. 好好地躲藏起来

　　　　　　　　　H. 互相依靠着过日子

第二部分：诠释基本的惯用手法

根据短文回答下面的问题。

1. 作者写这篇文章的目的是什么？

2. 请说明一下插图的内容。

第三部分：识别思想观点、看法和态度，并针对材料做出个人回应

通过阅读短文并结合你自身的经历回答下面的问题。

1. 你和妈妈的关系怎么样？你会为了让妈妈高兴而去做任何事情吗？请举例说明。

2. 你觉得听妈妈的话和孝顺妈妈是一样的吗？为什么？

文化小贴士

"雨"字是由"云"字的变形和代表水滴的"、"组成的，意思是从云层中掉落的水滴。对于种植粮食的农民来说，要想有个好收成，适时适量的降雨非常关键。由于中国大部分地区比较干旱，在以农耕为业的古代，大家都非常期盼下雨。在干旱时节，民间常有规模不一的祈雨活动，祭拜的对象各地不同，有龙王、观音等。

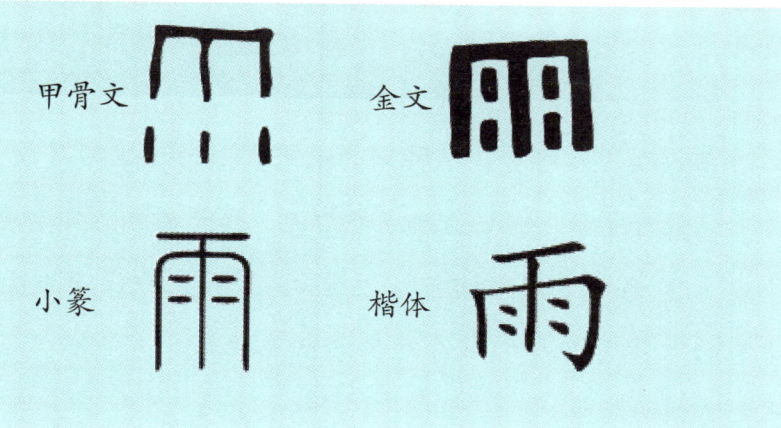

跨学科百宝箱

关于"雨"的小知识

❀雨的主要成分是水。

❀千万不要因为雨是从天上降落下来的就认为雨水是纯净的哦！实际上，雨水中含有很多杂质，不能直接饮用。

❀根据同一时间段降雨量的大小，气象学上把雨分为小雨、中雨、大雨、暴雨、大暴雨和特大暴雨。

第八课　电

在遥远的天边有座很特别的城市。因为这里的居民生来身上就带着电流，能轻易地点亮灯泡、劈开树木、发动电车，所以大家都把这座城叫作"闪电城"。闪电城没有发电厂，所有的电器都靠人们自身产生的电能运转，有着取之不尽、用之不竭的能量。

但是闪电城的人们却过得并不幸福。因为所有人身上携带的都是正电，相互排斥，无法彼此接近。除了交谈，他们不能握手、拥抱，无论什么事都只能一个人做，大家都感到非常孤独。

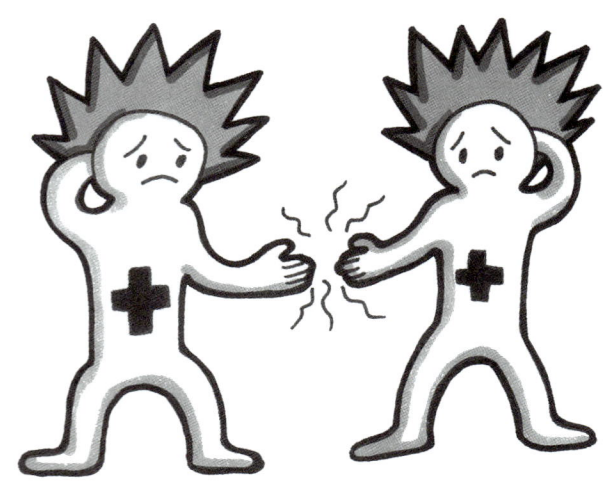

有一天，远道而来的智者听说了闪电城人的苦恼，告诉他们一个振奋人心的消息：在天的另一边，有一座天雷城，那里的居民身上也带着电流，不同的是，他们身上都是负电。

闪电城的居民听了非常高兴，他们一起出发，经历了很多艰难险阻，最终找到了天雷城。两个城市的居民热烈地拥抱着，正电和负电相遇抵消，不管是闪电城居民还是天雷城居民，都又回到了电中和状态，再也不会孤独啦！

从此以后，两座城市合成了一座，有了新的名字——雷电城。

练习题

第一部分：辨认信息、想法及细节，并做总结

一、根据短文第一段回答问题。

1. "闪电城"的居民有什么与众不同的地方？

2. "闪电城"在哪里？

二、根据短文第二段判断下面叙述的对错，并以短文内容说明理由。

	对	错
1. "闪电城"里的人生活愉快。	☐	☐

理由：_____

2. "闪电城"里的居民之间从来不握手、不拥抱。　　☐　☐

　　理由：_____

3. "闪电城"里的人都独立做事。　　☐　☐

　　理由：_____

三、根据短文第三段和第四段选出最适合左边句子的结尾，把答案写在方框里。

1. 在天的另一边	☐	A. 出发去找天雷城。
		B. 听说了闪电城人的苦恼。
2. 闪电城的居民	☐	C. 有一座天雷城。
		D. 热烈地互相拥抱。
3. 两个城市的居民	☐	E. 身上都是负电荷。
		F. 相遇抵消。
4. 不管是闪电城居民	☐	G. 融合成了一座新的城市。
		H. 还是天雷城居民都不再孤独了。
5. 两座城市	☐	

四、重读短文选出最适合左边词语的解释，把答案写在方框里。

1. 轻易　　□　　　　A. 没有多少重量

　　　　　　　　　　B. 容易

2. 用之不竭　□　　　C. 互相

　　　　　　　　　　D. 怎么用都用不完

3. 彼此　　□　　　　E. 心情很高兴

　　　　　　　　　　F. 让人听了很受鼓舞

4. 振奋人心　□

　　　　　　　　　　G. 相互消除

5. 抵消　　□　　　　H. 抵挡

第二部分：诠释基本的惯用手法

根据短文回答下面的问题。

1. 这篇短文讲的故事 _____。　　　　□

A. 是真实的　　　　B. 是虚构的

C. 是说明文　　　　D. 是描写文

2. 作者写这篇文章的目的是什么？

3. 请说明一下插图的内容。

第三部分：识别思想观点、看法和态度，并针对材料做出个人回应

通过阅读短文并结合你自身的经历回答下面的问题。

1. 你在学校的科学课上学过关于电的知识吗？请讲一下"令人难忘的科学课"。

2. 比较风力发电和煤炭发电，哪一种发电方式对地球环境更好？为什么？

文化小贴士

"电"这个汉字的甲骨文好像划过天空的闪电，后来又在上面加了"雨"字表示雷电，现在简体"电"字又去掉了上面的"雨"字。

跨学科百宝箱

关于"电"的小知识

❀闪电是云与云之间、云与地之间或者云体内各部位之间的强烈放电现象,在下大雨的时候经常会在天空出现。

❀我们平常使用的电是利用动力发电装置将水能、石化燃料(煤、油、天然气)的热能、核能等原始能源转换成电能而来的。

❀随着地球资源日益紧张、环境污染不断加剧,科学家们经过不断尝试,已经能够使用太阳能、风能、地热能、海洋能等能源来发电了。

第九课　风

　　从诞生的那一天起，风就在不停地奔跑。

　　他跑过陆地和大海，他飞过高山和草原，他穿越城市和乡村。他永不停歇地一直跑到世界尽头，又从世界尽头重新起跑。他见过世界上所有最美的风景，认识世界上所有的生物，知道世界各地的新奇见闻。但是，风从来没有向任何人提起过这些经历，因为他无法停止奔跑，只能不断地和路上遇到的人擦肩而过。

　　风渴望能和他人交流，他想数清楚野花有几片花瓣，想亲自量一量大树的高度，想陪路边的孩子玩儿一场过家家的游戏。但是，他没办法停下来。天神曾经告诉过他，如果他停下向前奔跑的脚步，他也就不再存在于这个世界了。

　　可是风厌倦了周而复始的匆忙生活，决定不再奔跑了。他停下脚步的时候正好是大森林里的傍晚，风在槐树爷爷的树荫下第一次看清了天边的日落。不久，槐树爷爷的叶子不再沙沙作响，风消失了。

　　天神很快又创造了新的风,大家都把以前的风忘记了,只有槐树爷爷记得他。槐树爷爷把被风吹落的树叶埋在脚底的泥土中,纪念那个唯一有勇气停止奔跑的风。

练习题

第一部分：辨认信息、想法及细节，并做总结

一、根据短文第一段和第二段回答问题。

1. 风都去过哪些地方？

（1）_____ 和 _____

（2）_____ 和 _____

（3）_____ 和 _____

2. 风看见过什么？

（1）_____

（2）_____

（3）_____

二、根据短文第三段判断下面叙述的对错，并以短文内容说明理由。

	对	错
1. 风经常和别人交流。 理由：_____	☐	☐
2. 风非常希望能停下来跟孩子玩儿。 理由：_____	☐	☐

3. 如果风停了下来，他就会从地球上消失。　□　□

理由：_____

三、根据短文第四段和第五段选出最适合左边句子的结尾，把答案写在方框里。

1. 风厌倦了　　　□　　　A. 创造了新的风。

　　　　　　　　　　　　B. 不停奔跑的生活。

2. 风决定　　　　□　　　C. 不再奔跑了。

　　　　　　　　　　　　D. 停止奔跑的风。

3. 风第一次看清了　□　　E. 天边的日落。

　　　　　　　　　　　　F. 以前的风忘记了。

4. 天神很快　　　□　　　G. 被风吹落的树叶埋在泥土中。

5. 大家都把　　　□　　　H. 不再沙沙作响。

四、重读短文选出最适合左边词语的解释，把答案写在方框里。

1. 诞生　　　☐　　　　　A. 终点

　　　　　　　　　　　　B. 刚好错过

2. 尽头　　　☐　　　　　C. 出生

　　　　　　　　　　　　D. 圣诞

3. 擦肩而过　☐　　　　　E. 头发

　　　　　　　　　　　　F. 不断重复

4. 周而复始　☐　　　　　G. 开始

5. 勇气　　　☐　　　　　H. 敢想敢做

第二部分：诠释基本的惯用手法

根据短文回答下面的问题。

1. 这是一篇什么体裁的文章？　　　☐

A. 日记　　　　　B. 信件

C. 寓言　　　　　D. 博客

2. 作者写这篇文章的目的是什么？　☐

A. 赞扬有勇气停止奔跑的风

B. 赞扬风的见多识广

C. 赞扬槐树爷爷纪念风

D. 说明风是怎么形成的

3. 请说明一下插图的内容。

第三部分：识别思想观点、看法和态度，并针对材料做出个人回应

通过阅读短文并结合你自身的经历回答下面的问题。

1. 你喜欢刮风的天气吗？为什么？

2. 风和雨哪一个对植物生长有利？为什么？

文化小贴士

"风"这个汉字在发展过程中经历过许多变化。"风"的繁体字写作"風",中间的"虫"指的是虫子。中国古代有"风动虫生"的说法,因此"风"字也就使用了"虫"字来直白地表达意思。

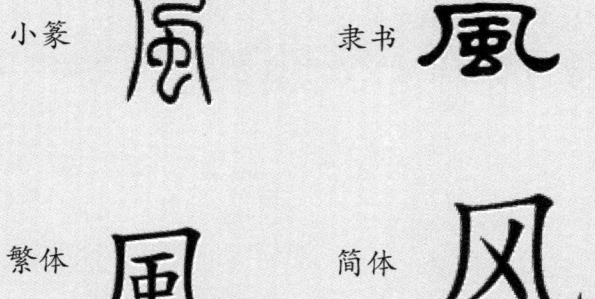

跨学科百宝箱

关于"风"的小知识

❀太阳的辐射造成地球表面受热不均,造成大气层中压力分布不均,引起空气的水平流动而形成风。

❀空气流动所形成的动能称为风能,风能是太阳能的一种转化形式。

❀风在农业生产中起着非常重要的作用，可以交换热量、完成二氧化碳和氧气的运输过程。风也可以传播植物花粉和种子，帮助植物繁殖。像大家熟悉的蒲公英，它的白色绒毛可以随风起飞，把种子带到很远的地方生根发芽。

❀气象学上根据风对地上物体所引起的现象不同，将风的大小分为13个等级。其中台风的风力等级较大，在中国的东南沿海经常出现，往往造成一定破坏甚至伤亡。

第十课　天

传说古时候,在遥远的天边,有一根非常高大雄伟的擎天柱。擎天柱的一头是地面,另一头支撑着天空的最高处,是唯一能够联结天和地的宝物。

在人类部落里,有一个叫"天天"的小男孩儿出生了。这个小男孩儿跟别的孩子不太一样,他对任何游戏都不感兴趣,却非常迷恋天空,每天都在幻想自己的背上能够长出翅膀来,飞到天上去看看。有一天,族长爷爷给孩子们讲了擎天柱的故事,天天听过之后特别高兴,以为自己终于找到了去天上的办法,便立刻收拾行李出发了。

天天走了十年，终于找到了天边的擎天柱。他沿着擎天柱一步一步地向上爬。他遇到过大雁和老鹰，超越了最高的高山，从湿漉漉的白云中穿过。

就这样走啊走，天天从孩子长成了青年，从青年变成了中年，又从中年迈入老年。天天的头发全白了，雪白的胡子长得一直拖到地面上，但他还是没有到达天空的最高处。终于，精疲力竭的他再也爬不动了，抱着擎天柱离开了人世。

天神感念天天的坚持，把他变成了石像，和擎天柱合为一体，永远地留在他所热爱的天空中。

练习题

第一部分：辨认信息、想法及细节，并做总结

一、请用短文第一段里的词语填空。

1. 中国古代有很多 _____，比如"年"的故事。

2. 中国的长城是一座 _____ 的建筑。

3. 风筝在天空中飘来飘去，但它的 _____ 却被小男孩儿紧紧地抓着。

4. 爸爸努力工作，_____ 着这个家。

5. 他是我们班中文考试 _____ 获得满分的学生。

二、根据短文第二段回答下面的问题。

1. 天天在哪里出生？

2. 天天喜欢什么？

3. 天天有什么梦想？

4. 族长给天天讲了一个什么故事？

5. 天天收拾行李准备去做什么？

三、重读短文选出最适合左边词语的解释，把答案写在方框里。

1. 遥远　　☐　　A. 只有一个

　　　　　　　　B. 遥望

2. 唯一　　☐　　C. 特别喜欢，上瘾

　　　　　　　　D. 迷人

3. 迷恋　　☐　　E. 所有的气力都用光了

4. 精疲力竭　☐　F. 精神疲劳

　　　　　　　　G. 融合在一起

5. 合为一体　☐　H. 不是一个近的距离

第二部分：诠释基本的惯用手法

根据短文回答下面的问题。

1. 这是一篇古代传说故事，因为 _____ 。

   A. 故事情节是不可能的

   B. 故事内容是古代的

   C. 故事是听别人说的

   D. 故事是真实的

2. 作者写这篇文章的目的是什么？

3. 请说明一下插图的内容。

第三部分：识别思想观点、看法和态度，并针对材料做出个人回应

通过阅读短文并结合你自身的经历回答下面的问题。

1. 你也跟短文里的小男孩儿一样喜欢天空吗？为什么？

2. 天空本来应该是蓝色的，可为什么有些地方的天空经常不是蓝色的？

3. 请描述一下你居住的地方的天空。

文化小贴士

　　最早的"天"字跟现在看起来不太相同，整体看上去像是一个脑袋很大的小人，表示人头顶上的天空。除了指与大地相对的天空，"天"在中国传统文化中还有相当复杂的含义，可以指大自然、宇宙等。汉语中对神圣高贵的人和事物常会加上"天"字表示尊重，如皇帝被称为"天子"，耶稣在中国有时也被称为"天父"。

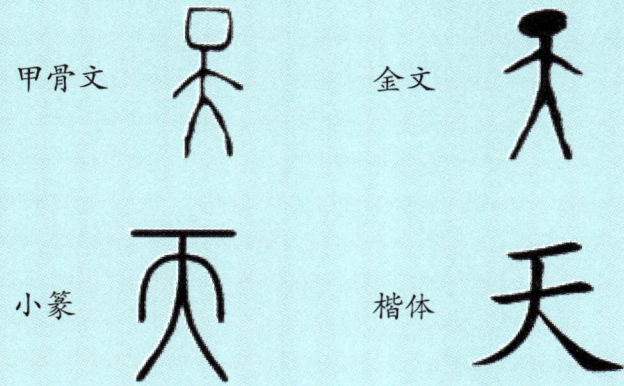

跨学科百宝箱

关于"天"的小知识

　　❀由七种色光组成的太阳光在空气中发生散射，波长较短的青、蓝、紫这三种光大部分被散射，而紫色光在被散射的同时大部分也被吸收,因此我们看到的天空多数情况下是蓝色的。

❁中国古代有很多关于天空的神话传说,最著名的要数"女娲补天"了。

第十一课　气

叶子是个漂亮乖巧的小姑娘，可惜她从小眼睛就看不见。爸爸妈妈早上出去工作的时候，她只能一个人闷在家里，自己一个人玩耍。叶子每天都会吹一个很大的红气球，然后抱着跟它聊天。

但是，红气球不喜欢被困在屋子里，它向往外面的世界。一天，趁叶子不注意，红气球偷偷地从窗户溜了出去，准备给自己选个能自由活动的新主人。

小男孩儿皮皮是红气球的第一个目标。可是皮皮更喜欢可以到处跑的小汽车，他陪着红气球玩儿了一小会儿，就把红气球随手扔在了泥地上。红气球的第二个主人是兔子蔷薇。蔷薇每天都在忙着吃草，累了就把红气球当作靠枕倚着睡。红气球沾了很多绿色的青草汁，不开心地离开了。

　　后来，红气球又有过熊猫圆圆、松鼠花斑、青蛙迪克，甚至槐树爷爷等很多主人，但没有主人像叶子一样珍视过它。

　　万分后悔的红气球重新回到了叶子身边，这时的它已经脏得看不出原来漂亮的红色了。但是，叶子还是一下子就抱住了它。虽然叶子眼睛看不见，但在她的心中，好朋友红气球不仅是世界上最美的红气球，还是她永远的最好的朋友。

练习题

第一部分:辨认信息、想法及细节,并做总结

一、根据短文第一段和第二段回答问题。

1. 请用一个适当的词语形容小女孩儿叶子。

2. 叶子跟其他的孩子有什么地方不一样?

3. 叶子每天去哪里?

4. 谁是叶子的好朋友?

5. 叶子的好朋友为什么要离开她?

二、根据短文第三段和第四段判断下面叙述的对错,并以短文内容说明理由。

	对	错
1. 小男孩儿皮皮特别喜欢红气球。	☐	☐
理由：_____		
2. 兔子蔷薇把红气球当枕头。	☐	☐
理由：_____		
3. 红气球不喜欢蔷薇。	☐	☐
理由：_____		
4. 槐树爷爷也曾经当过红气球的主人。	☐	☐
理由：_____		
5. 叶子对红气球最好。	☐	☐
理由：_____		

三、根据短文选出五个正确的答案，并把答案写在方框里。

☐ A. 叶子的父母白天要出去上班。
　　B. 叶子有兄弟姐妹和她聊天。
☐ C. 红气球想去外面可以自由活动的世界。
　　D. 小男孩儿皮皮不喜欢小汽车，所以把汽车扔在泥地上。
☐ E. 兔子蔷薇只知道吃草，不好好照顾红气球。
　　F. 红气球变成了"绿"气球。
☐ G. 红气球先后有过四个主人。
　　H. 叶子万分后悔让红气球去自由的世界。
☐ I. 叶子是一个盲童。

第二部分：诠释基本的惯用手法

根据短文回答下面的问题。

1. 这篇短文使用了 _____ 。　　☐

A. 比喻手法　　　　B. 写实手法

C. 论证手法　　　　D. 拟人手法

2. 作者写这篇文章的目的是什么？

3. 请说一说插图的内容。

第三部分：识别思想观点、看法和态度，并针对材料做出个人回应

通过阅读短文并结合你自身的经历回答下面的问题。

1. 你有兄弟姐妹吗？你觉得有兄弟姐妹好吗？为什么？

2. 当你遇到困难的时候，朋友和家人哪一个可以给你更大的帮助？为什么？

文化小贴士

"气"字在产生后经历过很多变形，作为一个象形字，它表现的是云气蒸腾上升的样子。除了指气体之

外，"气"字还有很多丰富的含义，可以用来指呼吸、气味、气象、节气，等等。中国古代的思想家把"气"看作是一切事物的基本元素，有着自由散布的特征。一切生物所具备的的生命能量也被称为"气"。宇宙是"气"的运行与变化的结果。中国传统医学也把"气"看作是人体的第一道防护线，防止外界的污秽侵入人体导致疾病发生。

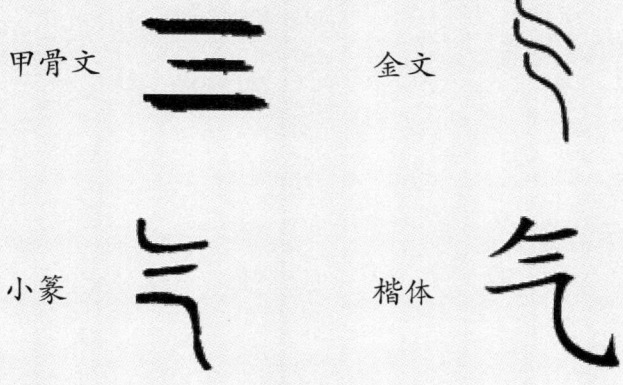

跨学科百宝箱

关于"气"的小知识

❀气体是物质的一种形态。气体是指无形状有体积、可变形可流动的流体。

❀空气是指地球大气层中的混合气体，陆地上的生物几乎都要靠呼吸空气才能生存。

❀空气主要由78%的氮气、21%氧气、0.93%的稀有气体（氦、氖、氩、氪、氙）、0.04%的二氧化碳和0.03%的其他物质（如水蒸气、杂质等）组成。空气的成分不是固定的，随着高度的改变、气压的改变，空气的组成比例也会改变。

参考答案

第一课 春

第一部分

一

1. 掌管春季 2. 巨大的调色盘
3. 姹紫嫣红

二

1. 错。理由：怎么也等不到春姑娘的到来
2. 对。理由：呈现出单调压抑的黑褐色

三

1. B   2. F   3. D

四

1. 六种
2. 红色、黄色、蓝色、橙色、绿色、紫色
3. 橙色、绿色、紫色
4.

	颜色的来源	颜色
①	太阳	红色
②	大海	蓝色
③	红色+黄色	橙色
④	红色+蓝色	紫色

第二部分

1. D   2. C   3.（答案略）

第三部分

（答案略）

第二课 夏

第一部分

一

1. 盛夏时节
2. 小猪小贝
3. 一边唱歌一边用荷叶拍打河水
4. 清脆，美妙动听
5. 动物们

二

1. 错。理由：最后出场的是草蜢跳跳和他的小伙伴们
2. 对。理由：小猪小贝、青蛙青青、熊猫圆圆、水牛哞哞，还有

许许多多的小动物都唱完了。
3. 对。理由：合奏起美妙的交响乐
4. 对。理由：大家都陶醉在草蜢跳跳和他的伙伴们的表演中。
5. 对。理由：最终，跳跳获得了今年"纳凉音乐会"的冠军。

三

1. C 2. D 3. H 4. A 5. G

第二部分

（答案略）

第三部分

（答案略）

第三课　秋

第一部分

一

1. B 2. C

二

1. 对。理由：爷爷每天都非常辛苦
2. 错。理由：丁宝还没有庄稼长得高
3. 错。理由：丁宝在大山里找啊找，终于找到了秋天女神
4. 对。理由：他恳求秋天女神一直待在人间，这样爷爷就不用辛苦地种庄稼
5. 对。理由：还可以一年到头都

有收获了

三

1. D 2. A 3. C

四

1. B 2. E 3. H 4. F 5. C

第二部分

1. D 2.（答案略）

第三部分

（答案略）

第四课　冬

第一部分

一

1. 九个月
2. 春姑娘出现的时候
3. 浑身都是白色的，他有白色的衣服、白色的皮肤，甚至是白色的头发。
4. 他没有朋友。因为他"一个人在大地上流浪，所过之处都是一片荒凉，很少能遇到停下来跟他说说话的人或者小动物。"
5. 他每天都在思考"天有多高，地有多大，生命有多长"这样的问题。
6. 看一看盛开的鲜花
7. 在春夏天气暖和的时候，会有

84

五颜六色的花朵盛开。
8. 松树把冬天男孩儿的愿望讲给花朵们听。
9. 美丽的花朵们
10. 他感动得哭了。他尽情地拥抱了眼前的花朵，再也不会感到寂寞了。

三

1. C 2. E 3. B 4. D 5. G

第二部分

（答案略）

第三部分

（答案略）

第五课　光

第一部分

一

1. 对。理由：光有许许多多的朋友。天空中的飞鸟是他的玩伴。
2. 对。理由：光能穿过海水为他们祛除寒冷。
3. 对。理由：花朵和树木、青山和庄稼，以及世界上生活的所有人，他们都认识光，每天都需要光的陪伴。

二

1. 似乎每个人都能轻松地看清光的样子，可是光看不见自己。
2. 沮丧

三

1. A 2. D 3. E

四

1. C 2. D

第二部分

1. B 2. A 3.（答案略）

第三部分

（答案略）

第六课　云

第一部分

一

1. 熊猫圆圆自从离开妈妈独立生活以来，他每天都会哭。
2. 圆圆的黑眼圈围绕着黑眼珠，他都快要分不清哪里才是圆圆的眼睛了。

二

1. 错。理由：后来他习惯了独立生活，已经不伤心了。
2. 对。理由：长颈鹿斑比最高大。
3. 对。理由：有一朵调皮的乌云一直盘旋在圆圆的头顶，偷偷地在圆圆的头顶上下"泪滴雨"。

三

1. C　2. E　3. G　4. H　5. A

第二部分

（答案略）

第三部分

（答案略）

第七课　雨

第一部分

一

1. 清水镇
2. 一年中有一半时间都在下雨
3. 肺病
4. 不容易治，因为医生们都找不到彻底治好她的办法。
5. 隐藏在清水镇中的梦莲花

二

1. 错。理由：香草走遍了整个清水镇的街道，可是并没有找到祖婆婆说的梦莲花。
2. 错。理由：香草走遍了整个清水镇的街道找祖婆婆说的梦莲花。她累得筋疲力尽，坐在街边哭了起来。
3. 对。理由：雨打在香草的肩膀上，绿色的枝叶从香草的肩头长出，很快开出了美丽的白色花朵。
4. 对。理由：它只在雨季的清水镇开放
5. 对。理由：是天神送给清水镇的礼物

三

1. H　2. A　3. C　4. D　5. F

第二部分

（答案略）

第三部分

（答案略）

第八课　电

第一部分

一

1. 生来身上就带着电流
2. 在遥远的天边

二

1. 错。理由：闪电城的人们却过得并不幸福
2. 对。理由：他们不能握手、拥抱
3. 对。理由：无论什么事都只能一个人做

三

1. C　2. A　3. D　4. H　5. G

四

1. B　2. D　3. C　4. F　5. G

第二部分

1. B　2.（答案略）　3.（答案略）

第三部分

（答案略）

第九课　风

第一部分

一

1.（1）陆地、大海（2）高山、草原（3）城市、乡村

2.（1）世界上所有最美的风景（2）世界上所有的生物（3）世界各地的新奇见闻

二

1. 错。理由：风渴望能和他人交流

2. 对。理由：想陪路边的孩子玩儿一场过家家的游戏

3. 对。理由：如果他停下向前奔跑的脚步，他也就不再存在于这个世界了。

三

1. B　2. C　3. E　4. A　5. F

四

1. C　2. A　3. B　4. F　5. H

第二部分

1. C　2. A　3.（答案略）

第三部分

（答案略）

第十课　天

第一部分

一

1. 传说　2. 雄伟　3. 一头
4. 支撑　5. 唯一

二

1. 人类部落

2. 非常迷恋天空

3. 自己的背上能够长出翅膀来，飞到天上去看看。

4. 擎天柱的故事

5. 去找擎天柱

三

1. H　2. A　3. C　4. E　5. G

第二部分

1. A　2.（答案略）　3.（答案略）

第三部分

（答案略）

第十一课　气

第一部分

一

1. 漂亮乖巧

2. 她从小眼睛就看不见。

3. 叶子每天都闷在家里。

4. 红气球

5. 它不喜欢被困在屋子里，它向往外面的世界。

二

1. 错。理由：皮皮更喜欢可以到处跑的小汽车。

2. 对。理由：累了就把红气球当作靠枕倚着睡。

3. 对。理由：不开心地离开了。

4. 对。理由：甚至槐树爷爷等很多主人。

5. 对。理由：没有主人像叶子一样珍视过它。

三

1. A 2. C 3. E 4. F 5. I

第二部分

1. D 2.（答案略） 3.（答案略）

第三部分

（答案略）

附：

汉字游戏

四季气象 燃料堆1

我们已经学习了春、夏、秋、冬这四个汉字。下面图中的汉字笔画可以经过不同的排列组合进行"汉字反应",进而发生"汉字大爆炸",生成这四个汉字。试一试,看看如何生成这些字。

下面是与春、夏、秋、冬四个汉字相关的一组通关游戏，它们分别从音、形、义等方面考查学习者对汉字的掌握水平。注意：每组游戏提供的游戏卡片图均为示例，组织者需要根据参与游戏人数的多少来增减实际使用的卡片。

关卡一　三棵树上摘果子

在黑板上画三棵不同的树：苹果树、桃树、梨树。三棵果树上分别贴有可以拿下来的果子卡片。苹果树的卡片上都是拼音，桃树的卡片上都是汉字，梨树的卡片上都是表示汉字字义的图画（如图1.1）。比赛开始前，游戏组织者在黑板上贴一张大大的空白表格（如图1.2）。游戏者可以分组比赛，如三人一组（如果人数不够可以每人独自为一组），分别编号为A、B、C。游戏者听组织者口令，A先从苹果树上摘下任意一个果子卡片，并读出上面的拼音，将其贴在表格上；然后B迅速地从桃树上找到并摘下对应汉字的卡片贴在表格上；最后C从梨树上摘下与之相对应的卡片，也贴在表格上。比赛总共分为4轮，每一轮游戏者变换顺序参赛。最后统计总分，表格上贴对一个格子得1分，得分最高的小组获胜。

图1.1

轮数	组数	A	B	C	分数
第1轮	第1组				
	第2组				
	第3组				
	第4组				
第2轮	第1组				
	第2组				
	第3组				
	第4组				

图 1.2

关卡二　汉字甜品店

假设游戏组织者是甜品店店主，现在出售"春、夏、秋、冬"四种"汉字甜品"，游戏者要通过组织者指定的方式买齐这四种甜品才能过关。组织者随机出示一个"汉字甜品"（如图1.3），游戏者要先大声、正确地读出这个汉字，然后找出和该汉字匹配的"钱币"（钱币正面是该汉字的英文义，如图1.4）付给店主，店主检查是否正确，如正确则可以把汉字甜品出售给游戏者。如游戏参与人数较多，可以分组比赛。这一组"汉字甜品"组织者可以多准备几份，每组每一轮选一人（人员不能重复）参加比赛，最先集齐四种甜品者获胜。

图 1.3

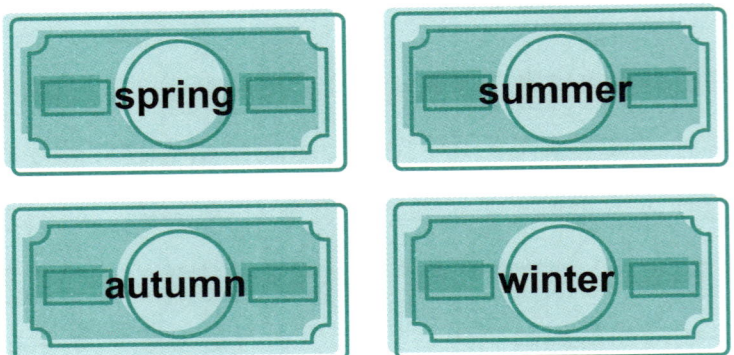

图 1.4

关卡三　汉字乐高

　　游戏组织者准备一些笔画或部件卡片（如图1.5），游戏参与者可以分组比赛（如果人数不够可以一人一组）。听组织者指令，当组织者说出"春、夏、秋、冬"中的某一个汉字时，游戏者选取合适的卡片拼接成正确的该汉字，看哪一组能在30秒内完成汉字乐高。组织者可以根据游戏参与人数多准备一些卡片，以便于比赛的展开。

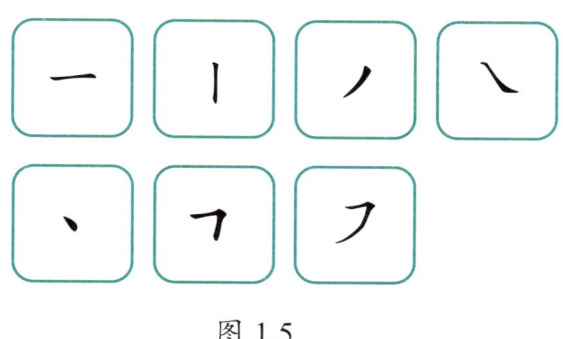

图1.5

关卡四　汉字泡泡龙

游戏组织者利用PPT展示"春、夏、秋、冬"及与这四个字相似的汉字（如图1.6）。游戏参与者三人一组进行比赛。组织者开始播放PPT，屏幕上的字一直不定时出现，A看到"春、夏、秋、冬"中的一个时，要大声示意停止并迅速把手中的箭头贴画（如图1.7）贴到该字上；与此同时，B大声读出该汉字的正确读音；C需迅速把该字写到下面的米字格（如图1.8）里。准确找到汉字、正确读出汉字和写下汉字各得1分，看哪一组在规定时间内的总分最高。

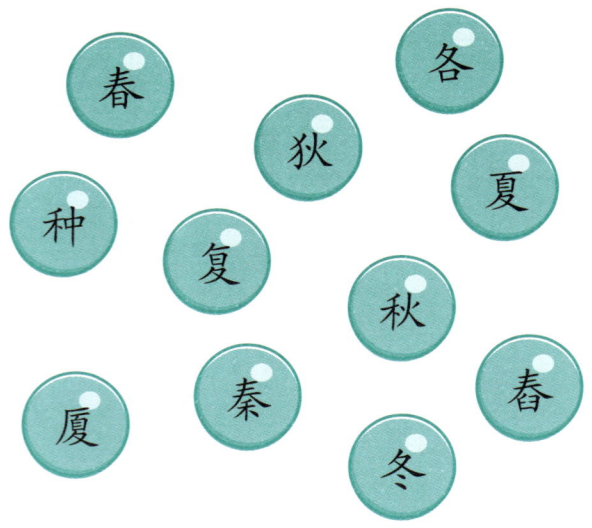

图1.6

图 1.7

组一:

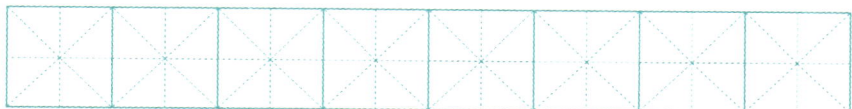

组二:

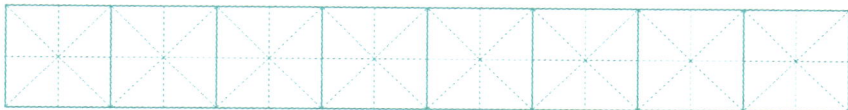

组三:

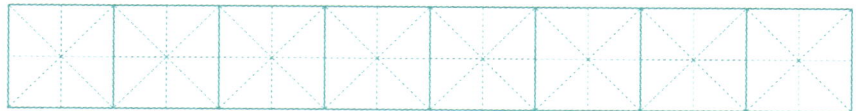

图 1.8

关卡五 找呀找呀找朋友

游戏参与者可分组进行比赛（如果人数不够可以单人为一组），每一位学习者手里有一张印有汉字的五角星卡片。此外，组织者准备另一部分印有不同汉字的五角星卡片（如图1.9），并把它们"藏"在教室各处。游戏参与者要在规定的时间内找到能和自己手里的汉字组合成词的五角星卡片，然后按照组词的正确顺序贴在左手和右手上，帮助每一个汉字找到自己的朋友（如图1.10）。哪一组在规定时间内找到汉字的朋友最多，即为获胜。

图1.9

图 1.10

关卡六　汉字沼泽地

先准备好若干个短句子和空白小卡片（如图 1.11），每个句子里都缺少一个字，缺少的这个字就是"沼泽"。游戏参与者必须准确地补齐句子，才能顺利地走出沼泽。游戏参与者可分组进行比赛，假设每组有 A、B、C 三人。比赛开始后，A 先从游戏组织者手里抽取一个纸条，默读（注意，不允许读出声来）纸条上的不完整的句子；思考出应该填入的答案后，A 要给 B 提示，但不能直接说出答案；B 得到提示后再根据自己的判断说出答案；C 要把 B 说出的答案写在空白卡片上，并将卡片贴到 A 手里的纸条空缺处。每轮比赛中组员都应该变换顺序参赛。看哪一组在规定时间内完成得又快又好，最先走出所有的"沼泽"。

注意：在准备汉语句子时，句子尽量由已经学过的汉字组成。缺失的汉字应该是本节所学习的对象。

（　）天在哪里？

他们总是想抓住青（　）的尾巴。

这个（　）季十分的漫长。

你喜欢春天旅游还是（　）天旅游？

汉娜总是放学之后去那儿玩（　）干。

熊常在山洞里（　）眠。

图 1.11

提示：

每一关的游戏如果参与组数较多，可以多准备几组卡片，以备不时之需。

顺利通过六个关卡的游戏参与者可获得通关文牒（如图1.12）。

图 1.12

四季气象 反应堆₂

我们已经学习了光、云、雨、电、风、天、气这七个汉字，下面图中的汉字笔画可以经过不同的排列组合进行"汉字反应"，进而发生"汉字大爆炸"，生成这七个汉字。试一试，看看如何生成这些字。

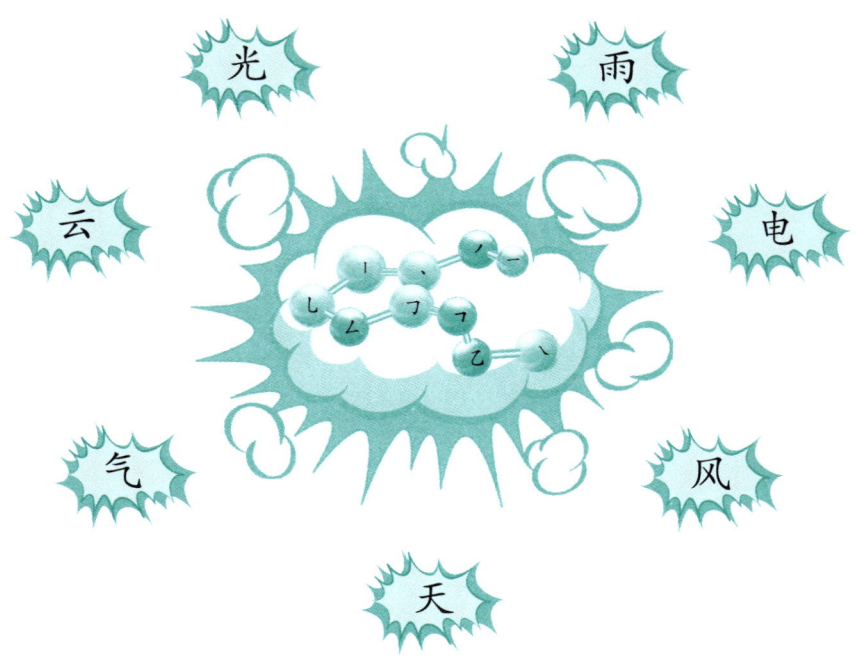

下面是与光、云、雨、电、风、天、气七个汉字相关的一组游戏，它们分别从音、形、义等方面考查学习者对汉字的掌握水平。注意：每组游戏提供的游戏卡片图均为示例，组织者需要根据参与游戏人数的多少来增减实际使用的卡片。

关卡一　三棵树上摘果子

在黑板上画三棵不同的树：苹果树、桃树、梨树。三棵果树上分别贴有可以拿下来的果子卡片。苹果树的卡片上都是拼音，桃树的卡片上都是汉字，梨树的卡片上都是表示汉字字义的图画（如图2.1）。比赛开始前，游戏组织者在黑板上贴一张大大的空白表格（如图2.2）。游戏参与者可以分组比赛，如三人一组（如果人数不够可以每人独自为一组），分别编号为A、B、C。听组织者口令，A先从苹果树上摘下任意一个果子卡片，并读出上面的拼音，将其贴在表格上；然后B迅速地从桃树上找到并摘下对应汉字的卡片贴在表格上；最后C从梨树上摘下与之相对应的卡片，也贴在表格上。比赛总共分为4轮，每一轮参与者变换顺序参赛。最后统计总分，表格上贴对一个格子得1分，得分最高的小组获胜。

图 2.1

轮数	组数	A	B	C	分数
第1轮	第1组				
	第2组				
	第3组				
	第4组				
第2轮	第1组				
	第2组				
	第3组				
	第4组				

图 2.2

关卡二　汉字甜品店

　　假设游戏组织者是甜品店店主,现在出售"光、云、雨、电、风、天、气"七种"汉字甜品",游戏者要通过组织者指定的方式买齐这七种甜品才能过关。组织者随机出示一个"汉字甜品"(如图2.3),游戏者要先大声、正确地读出这个汉字,然后找出和该汉字匹配的"钱币"(钱币正面是该汉字的英文义,如图2.4)付给店主,店主检查是否正确,如正确则可以把汉字甜品出售给游戏者。如游戏参与人数较多,可以分组比赛。这一组"汉字甜品"组织者可以多准备几份,每组每一轮选一人(人员不能重复)参加比赛,最先集齐七种甜品者获胜。

图 2.3

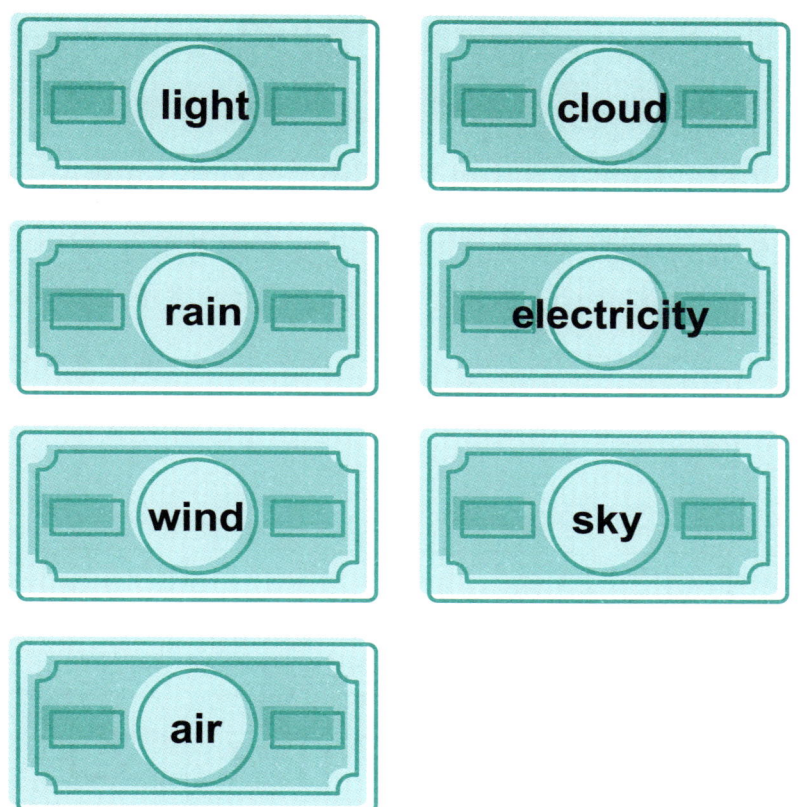

图 2.4

关卡三　汉字乐高

游戏组织者准备一些笔画或部件卡片（如图2.5），游戏参与者可以分组比赛（如果人数不够可以一人一组）。听组织者指令，当组织者说出"光、云、雨、电、风、天、气"中的某一个汉字时，游戏者选取合适的卡片拼接成正确的该汉字，看哪一组能在30秒内完成汉字乐高。组织者可以根据游戏参与人数多准备一些卡片，以便于比赛的展开。

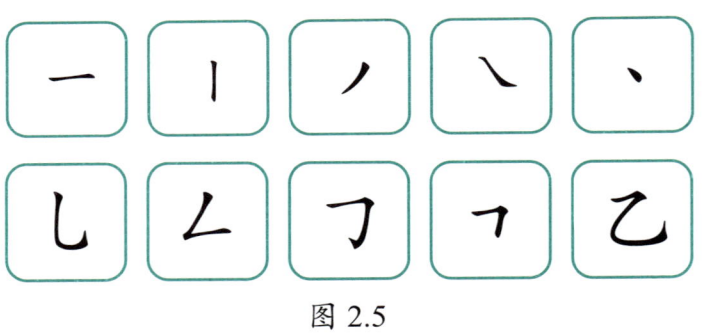

图2.5

关卡四　汉字泡泡龙

游戏组织者利用PPT展示汉字"光、云、雨、电、风、天、气"及与这七个汉字相似的汉字（如图2.6）。游戏参与者三人一组进行比赛。组织者开始播放PPT，屏幕上的字一直不定时出现，A看到"光、云、雨、电、风、天、气"中的一个时，要大声示意停止并迅速把手中的箭头贴画（如图2.7）贴到该字上；与此同时，B点击鼠标暂停PPT播放，并大声读出该汉字的正确读音；C需迅速把该字写到下面的米字格（如图2.8）里。准确找到汉字、正确读出汉字和写下汉字各得1分，看哪一组在规定时间内的总分最高。

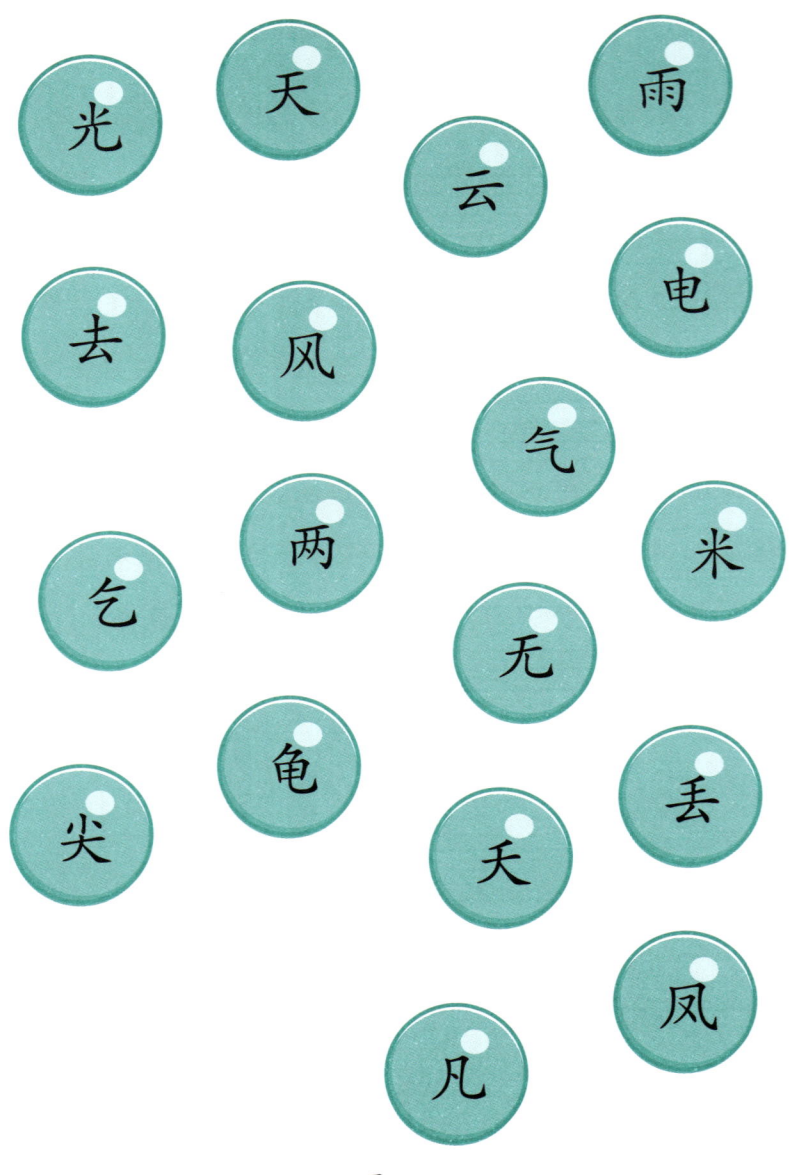

图 2.6

图 2.7

组一：

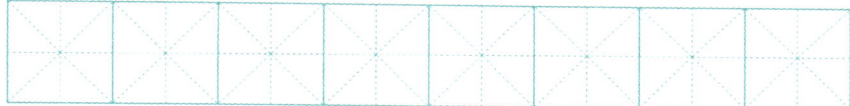

组二：

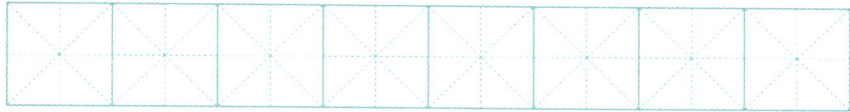

组三：

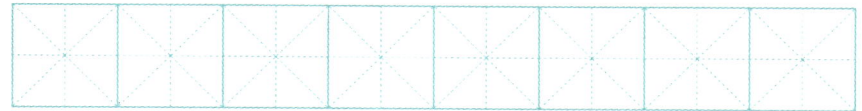

图 2.8

关卡五　找呀找呀找朋友

　　游戏参与者可分组进行比赛（如果人数不够可以单人为一组），每一个参与者手里有一个印有汉字的五角星卡片，另有一部分印有不同汉字的五角星卡片（如图2.9），组织者把它们"藏"在教室各处。游戏参与者要在规定的时间内找到能和自己手里的汉字组合成词的五角星卡片，然后按照组词的正确顺序贴在左手和右手上（如图2.10），帮助每一个汉字找到自己的朋友。哪一组在规定时间内找到汉字的朋友最多，即为获胜。

图 2.10

图 2.9

关卡六　汉字沼泽地

先准备好若干个短句子和空白小卡片（如图 2.10），每个句子里都缺少一个字，缺少的这个字就是"沼泽"。游戏参与者必须准确地补齐句子，才能顺利地走出沼泽。游戏参与者可分组进行比赛，假设每组有 A、B、C 三人。比赛开始后，A 先从游戏组织者手里抽取一个纸条，默读（注意，不允许读出声来）纸条上的不完整的句子；思考出应该填入的答案后，A 要给 B 提示，但不能直接说出答案；B 得到提示后再根据自己的判断说出答案；C 需要把 B 说出的答案写在空白卡片上，并将卡片贴到 A 手里的纸条空缺处。每轮比赛中组员都应该变换顺序参赛。看哪一组在规定时间内完成得又快又好，最先走出所有的"沼泽"。

注意：在准备汉语句子时，句子尽量由已经学过的汉字组成。缺失的汉字应该是本节所学习的对象。

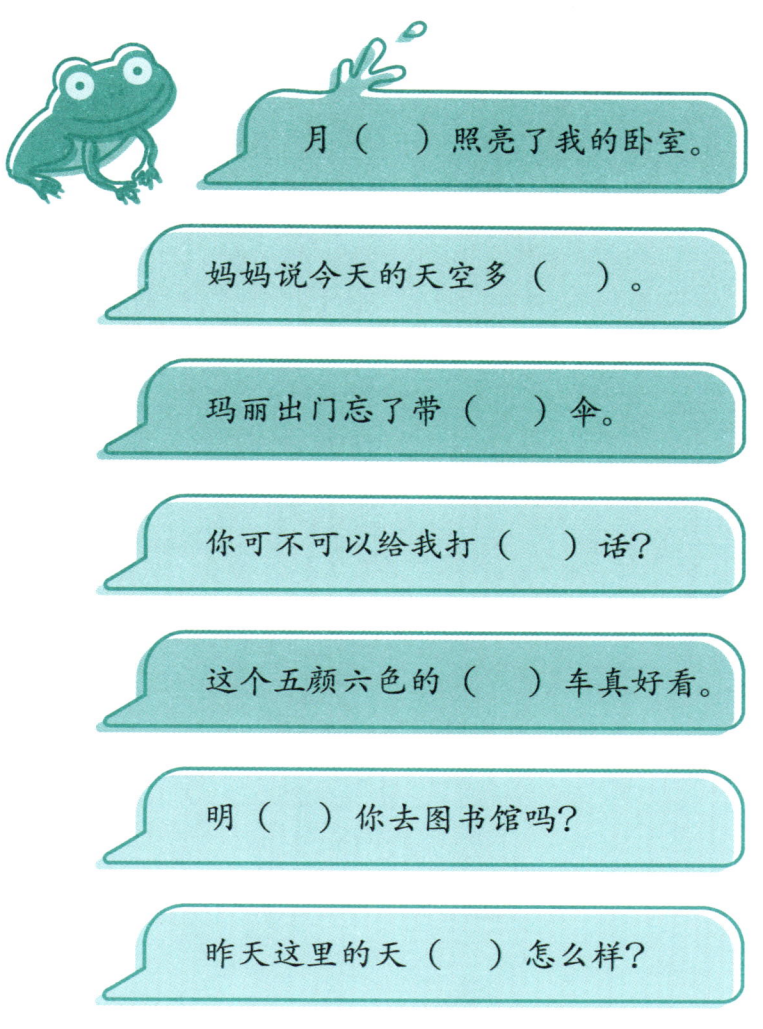

图 2.11

提示：

每一关的游戏如果参与组数较多，可以多准备几组卡片，以备不时之需。

顺利通过六个关卡的游戏参与者可获得通关文牒（如图2.12）。

图 2.12

作者简介

冯薇薇（Vivienne Fung），英国语言文学学士、教育学专业学士及普通话教育专业硕士，拥有20年国际学校中文教学的经验。曾任香港英基协会中文教师、东莞东华文泽学校中文部主任，现为IBDP中文考官、IBDP中文教师培训官，IB申报资料审阅员。

叶颖颖，女，华东师范大学教师，讲师。多年来在中国、美国、英国和比利时从事汉语及中国文化教学工作。2018年参加第二届全国"汉教英雄会"并获得明星导师荣誉，所指导学生在汉语比赛中多次获奖。

封文慧，北京师范大学现当代文学硕士，研究方向为文学创作与批评。现为广州文学艺术创作研究院专业作家。曾在《中国作家》《青年文学》《中国少年报·快乐百科》等刊物上发表多部作品。

出版策划：王君校　韩　晖
统筹协调：付　眉　韩　颖　彭　博
策划编辑：韩　颖　刘小琳
责任编辑：杨　晗
封面设计：北京几何创想艺术设计有限公司
印刷监制：汪　洋

图书在版编目（CIP）数据

IB MYP 中文语言习得阅读训练．四季气象 / 冯薇薇，叶颖颖，封文慧编著．-- 北京：华语教学出版社，2020.10
ISBN 978-7-5138-2003-5

Ⅰ．①I… Ⅱ．①冯… ②叶… ③封… Ⅲ．①汉语－阅读教学－对外汉语教学－教学参考资料 Ⅳ．① H195.4

中国版本图书馆 CIP 数据核字（2020）第 173058 号

IB MYP 中文语言习得阅读训练：四季气象

冯薇薇　叶颖颖　封文慧　编著

*

Ⓒ 华语教学出版社有限责任公司
华语教学出版社有限责任公司出版
（中国北京百万庄大街 24 号 邮政编码 100037）
电话：(86)10-68320585, 68997826
传真：(86)10-68997826, 68326333
网址：www.sinolingua.com.cn
电子信箱：hyjx@sinolingua.com.cn
北京玺诚印务有限公司印刷
2021 年（16 开）第 1 版
2021 年第 1 版第 1 次印刷
ISBN 978-7-5138-2003-5
003900